RUAILLE BUAILLE

Curtha in eagar ag: Aidan Courtney
Dearadh: Muireann Lalor
Eagarthóir Comhairleach: Gabriel Rosenstock

Scéalta le:
Fintain Taite, Mike Lynch, Steve Austin,
Sarah Bowie, Maeve Clancy, Alan Nolan,
Bob Byrne, Phil Barrett, Alan Ryan,
Stephen Downey agus Dee Cunniffe.

Coimicí Gael

An chéad chló 2015

© Coimicí Gael 2015

ISBN: 978-0-9934873-0-9

Eagarthóir: Aidan Courtney

Dearadh: Muireann Lalor

Eagarthóir Comhairleach: Gabriel Rosenstock

Clúdach: Bob Byrne

Scéalta le: Bob Byrne, Mike Lynch, Steve Austin, Sarah Bowie, Maeve Clancy, Alan Nolan, Alan Ryan, Stephen Downey agus Phil Barrett.

Clódóirí: Walsh Colour Print

Tá Coimicí Gael buíoch de Fhoras na Gaeilge as tacaíocht airgeadais a chur ar fáil.

Foras na Gaeilge

Coimicí Gael, 43 Páirc Fhorgais, Inis, Co. an Chláir, V95 F9DE

R-phost: eolas@coimicigael.ie

Clár Ábhair

Saoirse agus an Phluais Mhistéireach

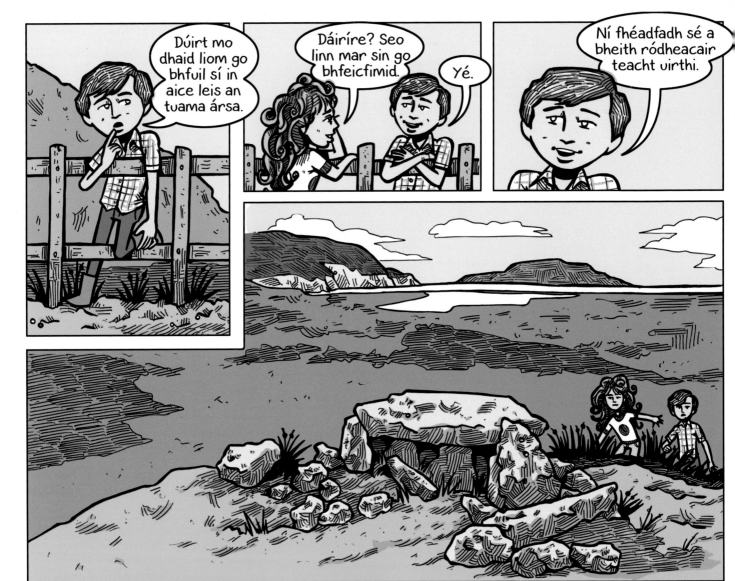

Dúirt mo dhaid liom go bhfuil sí in aice leis an tuama ársa.

Dáiríre? Seo linn mar sin go bhfeicfimid.

Yé.

Ní fhéadfadh sé a bheith ródheacair teacht uirthi.

Fiúú!

An-radharc!

Meas tú an bhfuil an phluais sin gar dúinn?

A Shaoirse?

Cá raibh tú?

A Shaoirse!

A Choilm!

Hé!! Anseo atáim!!

?

Cén áit?

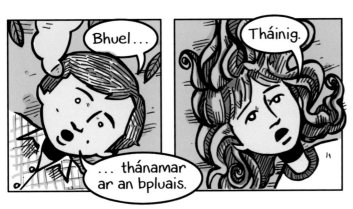

Hoips! Ró-ard!

PAF!

A thiarcais! Ná habair gur imithe isteach sa liosachán atá sé!

Tá púcaí istigh ann deirtear.

Fágaimis ann é!

Sea, tá sé ag éirí déanach ar aon nós.

Dhera, ná bac na piseoga! Seo linn isteach ina dhiaidh – is é an t-aon sliotar atá againn!

Éirigh as, a Sheáin! Deir gach éinne fanacht glan ar na liosacháin.

Is fíor. Deir Mamó gó bhfuil draíocht de shaghas éigin á gcosaint. Fág ann é in ainm Chroim.

Fastaím! Táimse chun dul á lorg –

WÓ-Á!

FUISSS!

Bhabha! Féach air sin! Cad... cad sa diabhal a tharla dó?

Dochreidte! Tá sé ar nós óir, ach tá sé an-éadrom. Agus... teas éigin ann!

Hmm, lig dom rud éigin a thriail.

TOS!

Cúpla nóiméad ina dhiaidh sin...

Ar fheabhas!

An-mhaith! Bainimis triail as!

FAICC!

Cúl!

Dia go deo linn, a Fhiadh! Is dóigh liom gur scóráil tú agus tú ceithre ghort ón gcúl.

Thar a bhfaca tú riamh.

Tá sé seo dochreidte... ar fad...

Draíocht na sióg! Agus ba chóir dúinn éirí as anois. Hé, cá ndeachaigh Seán?

Hé, féach air seo! Chuireas mo rothar isteach ann agus féach anois uirthi. An rothar is breátha ar domhan!

Bhabha!

Thar barr!

VRÚÚÚMM!

Fan go bhfeicfidh na leaideanna ar scoil í!

A Sheáin, nach cóir dúinn éirí as? Go dtí go bhfeicfimid cad atá á dhéanamh seo – agus cad ina thaobh!

Éirí as? Ná bí ag magadh fúm! Is é seo an rud is mó a tharla riamh - bhuel, an rud is mó a tharla i mBaile Aisteach. Má tá an liosachán in ann é sin a dhéanamh le rothar... cuimhnigh!

Ní maith liom an obair seo, a Sheáin. Deir mo Mhamó go dtugann na sióga rudaí duit ach tógann siad a dhá oiread arís uait. Uncail le Peadar Ó Murchú, chodail sé i liosachán agus nuair a dhúisigh sé - muc ab ea é!

Tá an ceart agaibh beirt. Is mór an spórt é ach níl a fhios againn cad atá ag titim amach. Tá sé ag éirí dorcha – buailimis le chéile arís an chéad rud maidin amárach agus feicfimid ansin cad is ceart dúinn a dhéanamh.

Yé, an-smaoineamh.

Yé... an-smaoineamh ...Más cuma libhse, táimse chun fanacht anseo tamall agus dul i dtaithí ar mo rothar nua...

Go breá, feicfimid maidin amárach thú. Ná déan aon rud amaideach!

Ní dhéanfaidh.

10

Bhuaileas bob oraibh go léir! Rud ar bith a thagann isteach sa chiorcal, féachann sé ar nós ciste dar libhse, a shimpleoirí bochta...

Agus nuair a imíonn sé, iompaíonn sé ina thornapa! Á, tá ocras orm le fada fada an lá mar gur choinnigh na scéalta scanrúla daoine amach uaim. Ach anois is arís, buaileann an tsaint pleidhce éigin...

...a bhuíochas duitse, a Sheáin, beidh féasta anocht agam.

Ach... tornapa? Cén fáth nach mbeadh píotsa uait nó a leithéid?

Píotsa? Níor chuala mé riamh faoina leithéid!

Ó, seachain, seo chugainn é!

Ná héist leis! Níl ann ach cleas eile. Cuirfidh mise stop leat, a –

Ní dóigh liom é, a mhaicín!

PAFF!

Ó, mo chreach...

Cá rabhamar? Ordaím daoibh mo chuid tornapaí go léir a bhailiú dom, a mhuintir shuarach an bhaile. *Ordaím daoibh!*

Hé, fan! Bailigh do chuid tornapaí tú féin, a ruidín lofa! Ní bhuailfidh tú bob orainne arís!

As mo shlí mar sin. Déanfaidh mé féin é. Níor ith mé greim le blianta fada. Tá ocras an *domhain* orm.

Gabh mo leithscéal, *gach aon rud* a fhágann an liosachán, iompaíonn sé ina thornapa, ab ea?

Sea. Tuige? Cad sa –

Ó, sea.

PAF!

Níor oibrigh mé amach i gceart é mar phlean.

Bhí plean agat? Ha há!

Á bhuel, is dócha gur fhoghlaimíomar *go léir* ceacht luachmhar inniu.

Cén rud é an píotsa a gcloisim go leor cainte ina thaobh?

Conas tá tú, a Sheáin? An ait leat tornapa a bheith agat mar chloigeann?

Níl aon locht air, an bhfuil? B'fhéidir go gcabhródh sé le m'íomhá mar fhile rap!

Ááááá

A Chríoch

Brám Beag

ALAN NOLAN
a scríobh agus
a mhaisigh

A Dhialann liom, an bhfuil tú go maith? Mé féin arís!

Brám Stoker.

Scéal mór an lae inniu – buachaill nua sa rang!

Socraígí síos, a pháistí!

Tá buachaill nua againn inniu ...

BEAN MHIC IONTAIS

Vlad is ainm dó, an bealach ar fad on **Rómáin**.

Abrahám Stoker, cuir fáilte roimh Vlad agus tabhair timpeall na scoile é.

Bí deas leis, Brám. Is cúnta é a dhaid.

Déarfainn gur leaid breá é Vlad. Thugas timpeall na scoile é agus bhraitheas go mbeimis inár gcairde maithe.

... an phantrach, agus ...

SEOMRA NA FOIRNE

AN PHANTRACH

SEO

...ar ndóigh, Seomra na Foirne.

15

CRÍÍÍÍÍCCCC

Seo leat, a Bhrám, níl éinne anseo.

Ba mhaith liom féirín fáilte ó mo thír dhúchais a fhágáil ag na múinteoirí...

VAIMPÍRÍ. TÁIRGÍ DE CHUID AN TRASALVÁIN.

Beidh a fhios acu feasta cén áit ar an léarscáil é an Trasalváin! **Bwá-há-há-há-há-hááááááá!**

Níl a fhios agam, Vlad, is deacair preab a bhaint as Bean Mhic Iontais.

...ní chuirfeadh vaimpírí aon lá iontais ormsa.

Gheobhaidh tú amach go bhfuil ár gcuid vaimpírí féin in Éirinn againn, a Vlad. **Agus tart an domhain orthu!**

Bhí sé de cheart agam a rá le Vlad gur Deargán Dubh í Bean Mhic Iontais súmaire, nó vaimpír, agus í fostaithe sa scoil ón lá a osclaíodh í, siar in aimsir an Ghorta Mhóir.

...b'fhéidir go scríobhfainn leabhar fúithi lá breá éigin...

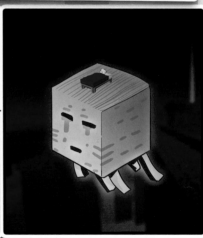

20

An iomarca leabhar!

Ná habair!

Vrúúúm!

An mbeadh seans **síob** a fháil?

Chuala mé an ceann sin cheana freisin.

Ááá!

Beidh mé déanach ar scoil agus caillfidh mé an **bónas poncúlachta.**

Dá mbeadh an spéis chéanna agat san fhíor-scoil is atá agat sa scoil sin . . .

Fan nóiméad . . .

Go raibh maith agat, a Bhean Uí Changarú!

Boing!

Boing!

Sea!

Beidh mé ar scoil in am!

Cad a thugtar ar an gcluiche seo, a Nicól Óg?

Beatha an Bhéir.

Caithfear **coileán** béir a thógáil go dtí go mbeadh sé **lánfhásta.**

Is fearr é ná na cluichí lámhaigh sin.

beaing-beaing-beaing!

Tá sé **deacair** go leor ambaiste!

Tá **scrúdú** i scoil na mbéar inniu agus ní mór domsa an tástáil a dhéanamh.

Q1.

Hath!

Agus an dtéann an **béar** abhaile ina dhiaidh sin chun cluiche a imirt le **cailín**?

Huth?

Lean ort.

Beidh an dinnéar réidh go luath . . .

. . . . sa saol ina maireann an chuid eile againn.

Sa deireadh! D'éirigh liom.

Nó an é an béar a ghlac mo pháirtse a fuair pas?

A Nicól Óg! **Dinnéar!**

Hmm . . .

Abair nach bhfuil sa saol ach cluiche mór amháin?

Póilín agus Brian – an cuid den tástáil iad an bheirt sin?

Cogain Cogain

Mhíneodh sé sin a lán!

Urp!

Ding Ding!

Tá a fhios agam rud amháin.

Táim sáinnithe ar an leibhéal seo leis **na cianta.**

Cén chuma atá ar an g**céad leibhéal eile?**

Nicól?

An bhfuil an **obair bhaile** déanta agat?

Ní bheadh aon obair bhaile le déanamh ar aon nós.

Fan ansin go mbeidh an obair bhaile déanta agat.

Ní bheadh **scoil ar bith** ann.

D'fhéadfainn fanacht sa bhaile agus cluichí a imirt **an lá ar fad.**

Deireadh leis an mbosca go fóill.

Am soip!

Caithfidh nach bhfuil aon mhaith sa bhéar sin.

B'fhéidir go bhfuil **cúnamh** uaidh.

23

An lá dár gcionn.

Nicól? An bhfuil tú **i do dhúiseacht**, a stór?

Tá sé in am a bheith réidh don scoil.

Tá deifir orm, a Mhamaí – ní mian liom an bus a chailleadh.

Huth?

Ar ball.

Nicól? Déan an obair bhaile inniu **sula** dtosaíonn tú ag spraoi leis an mbosca, ceart go leor?

Ar chuala tú mé?

Ó!

Dúirt mé leat, a Nicól Óg – níl tú chun a bheith ag spraoi leis an mbosca anseo.

Tá a fhios agam – díreach le rá leat gur tháinig mé ar do **luchtaire fóin**.

Tá cead agat a bheith ag spraoi leis inniu.

A Mhamaí!

Tá rud éigin cearr le Nicól Óg!

An mbraitheann tú i gceart, a stór?

Táim go breá, a Mhamaí.

Measaim go gcoinneoimid ón scoil amárach thú agus súil a choinneáil ort.

Agus b'fhéidir an cluiche béir seo a mhalartú ar cheann nua.

B'fhéidir go mbeadh an ceann seo ábhairín deacair.

Tá go maith, a Mhamaí.

An lá dár gcionn.

Beaing-beaing-beaing!

Tá buaite agam!

A Chríoch

Teachtaire chugainn ó Asgard

Táimid slán!

Fáilte romhat, a Theachtaire ó Óidin

Tuairt!

Túr??

Erm... ní hea, Lochlann is ainm dom. An bhfuil sibh ag dul chuig cóisir bhréigéide?

Is mór an onóir dúinn do theacht.

Dála an scéil, cá bhfuilim?

Ar long chogaidh de chuid Chnút Gan Chnámh atá tú, a theachtaire mhistéirigh!

Huth?

Tá tú tar éis tuirlingt air

A fheara, Tír na Naomh is na Scoláirí romhainn

Níl bun ná barr leis seo. Táim as mo mheabhair nó tá an clogad tar éis mé a thabhairt siar go dtí Ré na Lochlannach

Níos tapúla, a mhadraí mallaithe!

Tar linn, a Lochlainn, tá creach ag feitheamh lin

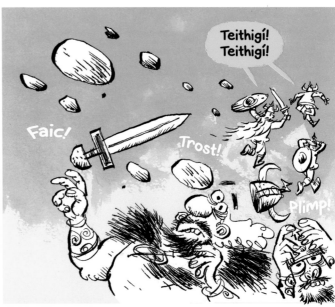

deireadh?

Táim an-neirbhíseach. Níl a fhios agam cén bua atá agam nó cén ghairm is ceart dom a roghnú.

Tá an oiread sin daoine proifisiúnta anseo inniu agus a ngairmeacha á gcur i láthair acu. Cá dtosóidh mé?

Fear Dóiteáin.

Jab dainséarach is ea é a bheith i d'Fhear Dóiteáin. An tseachtain seo caite bhí orm duine a iompar amach as foirgneamh a bhí trí thine . . .

Ó, ní fhéadfainnse a bheith i m'Fhear Dóiteáin. Nílim sách láidir.

Níl gairm ar bith i ndán dom.

Conas tá cúrsaí?

Cad a thug anseo thú, a Mhúinteoir?

Gairm is ea an mhúinteoireacht chomh maith, tá a fhios agat.

An bhfuair tú mórán inspioráide anseo inniu?

Ní oireann na gairmeacha seo dom, a Mhúinteoir.

Nílim sách láidir, sách éirimiúil, sách cróga agus níl dóthain féinmhuiníne gam.

Bhuel, sin an fáth a bhfuil tú ar scoil!

NÍL TÚ ACH I DTÚS D'AISTIR.

Taithí a dhéanann máistreacht, a deir siad. Bí ag foghlaim agus osclóidh doirse duit.

STEPHEN DOWNEY AGUS DEE CUNNIFFE

32

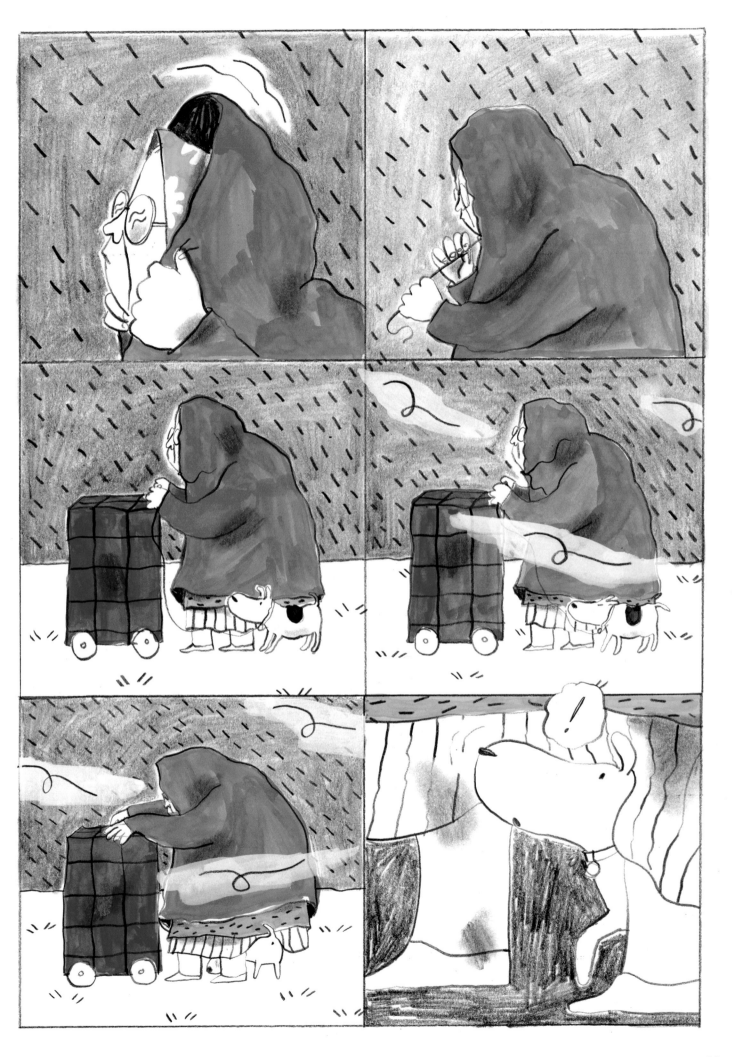